AHMET ÖĞÜT

Book Works, London
Platform Garanti, Istanbul

Revolution

Devrim

1961

29 October
29 Ekim

Dönemin Cumhurbaşkanı Cemal Gürsel'in emriyle yapımına karar verilen 'Devrim' adındaki ilk Türk üretimi otomobil, son rötuşları da trende tamamlanarak, Cumhurbaşkanı'nı Anıtkabir'e götürmek üzere Ankara'ya getirildi. Mühendisler benzin ikmali yapmayı unuttuğu için, Cemal Gürsel bindikten 20 adım sonra otomobil durdu. Devrim otomobil projesi çok tartışıldı ve rafa kaldırıldı.

'Türk araba yapar ama benzin koymayı unutur'
Cemal Gürsel

The first car made in Turkey, named 'Devrim' (Revolution), was made by order of the President of the Turkish Republic, Cemal Gürsel, and taken to Ankara by train for him to test drive to Anıtkabir.[1] But, as the engineers forgot to fill the tank with petrol, the car stopped after only moving forwards 20 feet. The 'Devrim' project was much debated and eventually shelved.

'The Turk manufactures automobiles, but forgets to fuel them' - Cemal Gürsel

[1] The mausoleum of Atatürk, founder of the Turkish Republic.

Today in History *Tarihte Bugün*

The Best Librarian

En İyi Kütüphaneci

1963

12 October

12 Ekim

12 Ekim 1963'te Mustafa Güzelgöz'e, J.F.Kennedy tarafından yılın en iyi kütüphanecisi ödülü verildi. Güzelgöz üç eşek, üç katır ve iki at sırtında köylere kitap taşıdı. Bölge valiliği yeni bir kütüphane açtıktan sonra, kütüphanede halka filmler göstermeyi sürdürdü ve köylülerin kütüphaneye daha çok gitmeleri için çaba harcadı. Güzelgöz her 15 günde bir köylere tekrar gidip, daha önce bıraktığı kitapları alıp yenilerini bıraktı.

Mustafa Güzelgöz received the 'best librarian of the year award' from J.F. Kennedy on 12 October 1963. Güzelgöz carried books to every village in the region on three donkeys, three mules and two horses. After persuading the governor to establish a real library, he presented films in the building in an effort to attract visitors. Every 15 days Güzelgöz would come to collect the books he had left earlier and leave new ones for the villagers.

Today in History *Tarihte Bugün*

Shopping Centre with an Escalator

Yürüyen Merdivenli Çarşı

1967

13 June

13 Haziran

Ankara'nın ilk yürüyen merdivenli iş merkezi 'Anafartalar Çarşısı' hizmete girdi. Hayatlarında ilk kez yürüyen merdiven gören vatandaşlar, yürüyen merdivene binebilmek için uzun kuyruklar oluşturdu. Açılışta, hayatında ilk kez yürüyen merdiven gören yaşlı bir kadın da yürüyen merdivene oturarak binmeyi tercih etti.

Anafartalar Çarşısı, Ankara's first shopping centre with an escalator, has opened. It was the first time that many of those attending had seen an escalator and long queues were formed by those eager to take a ride. One old lady among the crowd even rode the escalator sitting down.

Today in History *Tarihte Bugün*

The First Kidney Transplant

İlk Böbrek Nakli

1969

30 January

30 Ocak

Türkiye'de ilk böbrek nakli Beyoğlu Devlet Hastanesi'nde, Yusuf Özer adlı hastaya yapıldı. Ancak Yusuf Özer, kendisine takılan böbreğin bir akıl hastasından alındığını öne sürerek savcılığa başvurdu.

The first kidney transplant in Turkey was performed on Yusuf Özer at the Beyoğlu State Hospital. However, immediately after the operation, Yusuf Özer appealed to the office of the public prosecutor with the complaint that the kidney had been removed from a mentally-retarded person.

Today in History *Tarihte Bugün*

Sadi Toker

Sadi Toker

1969

16 September
16 Eylül

THY'ye ait 'Seç' uçağı, akıl hastası Sadi Toker tarafından oyuncak tabancayla Sofya'ya kaçırıldı. Türkiye'ye iade edilen Toker, tedavi gördüğü Bakırköy Akıl Hastanesi'ne kaldırıldı.

While en route to Sofia, a Turkish Airlines 'Seç' (Choice) aircraft was hijacked by Sadi Toker, using a toy revolver. Upon returning home, he was sent back to Bakırköy Mental Hospital where he was undergoing treatment.

Today in History *Tarihte Bugün*

Announcement

Duyuru

1969

20 October
20 Ekim

İstanbul Belediye Meclisi halı ve kilimlerin yalnızca pazartesi günleri silkelenebileceğini açıkladı.

The City Council of Istanbul announced that rugs and kilims could only be beaten on Mondays.

Today in History *Tarihte Bugün*

First Nude Demonstration

İlk Çıplak Eylem

1971

6 January

6 Ocak

Güzel Sanatlar Akademisi'nde görev yapan, sekizi kadın 15 model, tahsisat yokluğu yüzünden işlerine son verilince, Güzel Sanatlar Akademisi önünde çıplak gösteri yaptı. Modeller büyük bir pankartla belden aşağılarını örttüler. Pankartta, '20 yıl çalıştık, kovuluyoruz' ve 'Kahrolsun halk düşmanı iktidar' yazılıydı. Arkalarındaki panoda ise 'Sosyal güvenlik istiyoruz', 'İşçiyiz haklıyız, işçiyiz güçlüyüz' yazıyordu.

Fifteen models working at the Fine Arts Academy, among them eight women, demonstrated in front of the school in the nude, when they were told by the administration that their contracts were to be terminated due to lack of appropriateness. The models were covered below their waists by a huge banner that read 'We have worked for 20 years, we are fired now' and 'May the public enemy government perish' and on the back of the banner 'We want social security', 'We are workers and we are right, we are workers, we are strong'.

Today in History *Tarihte Bugün*

TRT

TRT

1974

27 September
27 Eylül

TRT'de (Türkiye Radyo ve Televizyon Kurumu) kadın spikerlerin haber okumaları yasaklandı.

TRT (Turkish Radio and Television) banned women from reporting the news.

Today in History *Tarihte Bugün*

Day Without Gasoline

Benzinsiz Gün

1976

4 October
4 Ekim

İstanbul'da bugün benzin bulunamadı. Taşıt kuyrukları yüzlerce metreyi geçti. Benzin verebilen sayılı istasyonda yüzlerce kilometrelik araç kuyrukları oluştu. 20 litre benzin için gün boyu kuyrukta beklenildi. Bazı açıkgözler çareler üretip, çok geçmeden yollarını buldular. Yirmi yıllık eşine, hatıra diye sakladığı gelinliği sandıktan çıkarttırıp giydirerek ve yeni evlendik 'Telli Baba'ya gidiyoruz diyerek sıranın en başına geçenler oldu. Arkasına bir tabut koyup, cenaze arabasıyla istasyonlarda sıraya girmeden, cenazemiz var deyip benzin toplayanlar da görüldü.

Today there was no fuel to be found in Istanbul. Vehicles queued all day long and for miles on end at the few petrol stations that were offering a mere 20-litre ration per car. It wasn't long before some clever souls found a way or two to cheat the system. Some had their wives don their old wedding gowns and pushed to the front by telling everyone that they were late for the ceremony, or for their trip to 'Telli Baba'.[1] Others made it to the head of the queues by driving fake hearses.

[1] A traditional spot in Istanbul that married couples go and visit right after the wedding ceremony.

Today in History *Tarihte Bugün*

Super Offer

Süper Teklif

1982

21 October
21 Ekim

YÖK (Yüksek Öğretim Kurulu), gönüllü olarak doğudaki üniversitelere gitmeyi kabul eden doçentlere profesörlük önerdi.

YÖK (Turkish Higher Education Council) offered professorships to those who volunteered for assignments in eastern Turkey.[1]

[1] At the time a civil war was taking place in Turkey.

Today in History *Tarihte Bugün*

Cancer Therapy

Kanser Tedavisi

1988

16 February

16 Şubat

65 yaşındaki kanser hastası İzzet Şakacı, TRT'deki (Türkiye Radyo ve Televizyon Kurumu) 'zakkumla kanser tedavisi' programından etkilenerek bahçesindeki zakkum bitkisini (zakkum zehirli bir bitkidir) kaynatıp içince öldü.

Sixty-five year-old patient İzzet Şakacı died after being inspired by a television programme on TRT (Turkish Radio and Television) that suggested using oleander for the treatment of cancer. He passed away after drinking the juice that he had obtained himself by boiling the leaves of the poisonous oleander plant growing in his garden.

Today in History *Tarihte Bugün*

Kemal, Dağlarca, Gezer, Koral, Müritoğlu, Akad

Kemal, Dağlarca, Gezer, Koral, Müritoğlu, Akad

1988

9 October
9 Ekim

Kültür Bakanlığı 36 sanatçıyı devlet sanatçısı ilan etti. Yaşar Kemal, Fazıl Hüsnü Dağlarca, Hüseyin Gezer, Füreya Koral, Zühtü Müridoğlu ve Ömer Lütfi Akad bu ünvanı reddettiler. Yaşar Kemal 'adı ne olursa olsun, bana verilen hiçbir payeyi, ülkemiz demokrasiye kavuşana kadar kabul etmeyeceğim' dedi.

The Minister of Culture declared 36 artists as 'State Artists'. Among them Yaşar Kemal, Fazıl Hüsnü Dağlarca, Hüseyin Gezer, Füreya Koral, Zühtü Müridoğlu and Omer Lütfi Akad refused the title. Yaşar Kemal said: 'Whatever the title, I will not accept honours of any kind until such time as my country embraces democracy.'

Today in History *Tarihte Bugün*

Custody

Gözaltı

1989

13 September
13 Eylül

Erzurum'da bir akaryakıt istasyonunun duvarına yasadışı slogan yazdıkları öne sürülen, yaşları 8-12 arasındaki 11 çocuğun, 8 günden beri gözaltında tutuldukları ortaya çıktı.

It was reported that 11 youngsters between the ages of eight and 12 were being kept in custody for eight days in Erzurum for writing illegal graffiti slogans on the walls of a petrol station.

Today in History *Tarihte Bugün*

Group Suicide

Birlikte İntihar

1989

22 October

22 Ekim

Şair Cemal Süreya, dönemin Başbakanı Turgut Özal'a 'birlikte intihar' önerisinde bulundu.

'Ülkemizi sizden, sizi de kendi özel sıkıntılarınızdan, kurtarmak için, arkadaşım Muzaffer Buyrukçu'yla bir önerimiz var; İntihar etmelisiniz! Ben ve Buyrukçu bu konuda dostça omuz veriyoruz size. Gelin, halkın önünde üçümüz birlikte intihar edelim. Yer: Kadıköy eski iskelesinin önü. Gününü ve saatini siz saptayın. Ülkemiz sizden kurtulsun, biz de bir işe yaramış olalım.'

Poet Cemal Süreya suggested a 'group suicide' to Prime Minister Turgut Özal.

'My friend Muzaffer Buyrukçu and I have a suggestion to make to save the country from you, and you from your personal problems: Commit suicide! I, myself, and Buyrukçu will give you a hand. Let's all commit suicide in front of the public at the old Kadıköy Pier. You set the date and the time. The country will thus be rid of you, and we, in turn, will have served a good purpose.'

Today in History *Tarihte Bugün*

Musa Anter

Musa Anter

1992

20 September
20 Eylül

Gazeteci/yazar Musa Anter, Diyarbakır'da kimliği belirlenemeyen kişi ya da kişiler tarafından öldürüldü. Bu cinayet, kayıtlara faili meçhul olarak geçti.

Reporter/writer Musa Anter was killed in the city of
Diyarbakır by an unknown person or persons. The
killing was officially recorded as unaccounted for.

Today in History *Tarihte Bugün*

Limousines

Limuzin

1995

17 April
17 Nisan

Başbakan Tansu Çiller'in ABD gezisi sırasında, kendisi ile birlikte gelen heyetin New York'u gezmesi için 18 limuzin kiraladığı öğrenildi.

It was reported that when visiting New York, Prime Minister Tansu Çiller hired 18 limousines for her delegation to tour the city.

Today in History *Tarihte Bugün*

The Susurluk Scandal

Susurluk Skandalı

1996

3 November
3 Kasım

DYP Şanlıurfa milletvekili Sedat Bucak'a ait 06 AC 600 plakalı Mercedes marka otomobil, saat 19:25 sularında Susurluk ilçesi Çatalceviz mevkiinde benzin istasyonundan yola çıkan 20 RC 721 plakalı kamyona çarparak trafik kazası yaptı. Kazada, Mercedes'i kullanan İstanbul Kemalettin Eröge Polis Okulu Müdürü Hüseyin Kocadağ, kırmızı bültenle aranan Mehmet Özbay sahte kimlikli Abdullah Çatlı ve Melahat Özbay sahte kimlikli Gonca Us öldü, DYP Şanlıurfa milletvekili Sedat Bucak yaralı olarak kurtuldu. Kazadan sonra Mercedes'te; 3 adet Beretta marka tabanca, bir adet 22 Calibre Beretta marka tabanca ve susturucu, bir adet Saddam marka tabanca, 6 adet şarjör, 2 adet 9 mm. çapında MP 5 makinalı tabanca ve 2 adet şarjör ve çok sayıda mermi bulundu. Kazanın ardından kamuoyu, 'devlet, siyaset, mafya' üçgeninde yasadışı ilişkilerin ortaya çıkartılmasını talep etti.

On leaving a gasoline station in the Çatalceviz district of Susurluk at around 7.25pm, the Mercedes – license plate number 06 AC 600 – belonging to DYP Şanlıurfa MP Sedat Bucak, crashed into a truck – license plate number 20 RC 721.

The driver, Hüseyin Kocada, Director of the Istanbul Kemalettin Eröge Police College, died, along with Abdullah Çatlı who was listed in Interpol's Red Notice and had a false ID as Mehmet Özbay, and Gonca Us who had a false ID as Melahat Özbay. DYP Şanlıurfa MP survived the accident with injuries. Following the incident, three Beretta revolvers, one 22-calibre Beretta revolver and muffler, one Saddam-brand revolver, six cartridge clips, two 9mm MP 5 machine guns and a large amount of cartridge clips and bullets were found in the boot of the Mercedes. There was a public outcry for the illegal nature of this 'state-politics-mafia' relationship to be exposed.

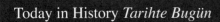

Today in History *Tarihte Bugün*

Dangerous Colours

Tehlikeli Renkler

1999

10 May
10 Mayıs

Batman'da 50. Yıl İlköğretim Okulu'nda görev yapan bir resim öğretmeni, 19 Mayıs Gençlik ve Spor Bayramı gösterileri için öğrencilere sarı ve kırmızı renklerde kostüm tasarladı. Batman Kültür Şube Müdürlüğü yetkilileri sarı-kırmızı renkteki kostümlerin, gösterilerin gerçekleşeceği stadyumun yeşil çimleri ile bir araya gelince, Kürt bayrağının renklerini çağrıştırabileceği gerekçesiyle kostümlerin renklerini değiştirdi.

An art teacher at the 50. Yıl İlköğretim Okulu (50th Year Elementary School) in Batman designed red and yellow costumes for her students to wear at the 19th of May Youth and Victory Parade. However, Batman's Department of Culture has demanded that the costumes be changed on the grounds that when those wearing red and yellow are seen walking on the green grass of the stadium, the three colours would be associated with the Kurdish flag.

Today in History *Tarihte Bugün*

Cow Drops Down from the Upper Floor

Üst Kattan İnek Düştü!

2001

11 July

11 Temmuz

Avanos'a bağlı Özkonak beldesinde kahvehane işleten Atilla Yalçın, işyerindeki onarım nedeniyle, yolun alt bölümündeki kahvehanenin yanındaki boşluğa kurduğu barakada müşterilerine hizmet vermeye başladı. Barakada okey oynayan Yakup Özkan, Hakkı Eröz, Hacı Demir ve Seyit Seyhanlı ile oyunu seyreden Ethem Şahin'in bulunduğu masaya, üst kattan inek düştü! Olay sırasında ineğin altında kalan ve sol bacağı kırılan 62 yaşındaki Ethem Şahin, Nevşehir SSK Hastanesi'nde tedavi altına alındı.

Atilla Yalçın, the owner of a coffeehouse in the Özkonak region of the Avanos province, temporarily moved his business to a shed on a nearby lot. His clients, Yakup Özkan, Hakkı Eröz, Hacı Demir and Seyit Seyhanlı were playing Okey at a table, with Ethem Şahin watching them, when a cow crashed down onto their table from the upper floor.[1] Ethem Şahin, 62, was crushed under the weight of the animal and taken to the Nevşehir SSK Hospital with a broken leg.

[1] Okey is a number game which is very common in the male-dominated coffeehouses in Turkey.

Today in History *Tarihte Bugün*

Youngsters under Investigation

Çocuklara Soruşturma

2002

18 February

18 Şubat

Milli Eğitim Bakanlığı, Diyarbakır'da İnsan Hakları Haftası'yla ilgili resim ve kompozisyon yarışmasına katılan 20 çocuk için soruşturma açtı. 10-17 Aralık İnsan Hakları Haftası etkinlikleri nedeniyle düzenlenen yarışmaya katılıp dereceye giren 7-12 yaşlarındaki çocuklar suçlu gibi sorgulandı. Milli Eğitim Bakanlığı iki müfettişini Diyarbakır'a yollayarak, soruşturma başlattı. Müfettişler, öğrencilere, 'Size kim yarışmaya katılın dedi?', 'Yarışmayı nasıl öğrendiniz?', 'Resimleri nasıl verdiniz?', 'Törene katıldınız mı?', 'Size hediye olarak ne verildi?', 'Törende Kürtçe konuşuldu mu?' sorularının yer aldığı bir form doldurttu. Öğrencilerden; adlarını, soyadlarını, okul ve ev adreslerini ve baba adlarını yazarak formları imzalamaları istendi.

The Ministry of Education appealed for an investigation into the activities of 20 youngsters who participated in an art contest. The contest was organised as part of the Human Rights Week in Diyarbakır which took place from 10 to 17 December. The youngsters, all aged between seven and 12, each won an award and were then made to undergo an investigation as if they were suspects of a crime. Two inspectors from the Ministry of Education attended the investigation. Each youngster was asked to fill in and sign a form to determine their name, surname, school attended, home address and father's name. They also had to answer questions such as, 'Who told you to attend the contest?', 'How did you find out about the contest?', 'How did you deliver your art work?', 'Did you attend the award ceremony?', 'What was given to you as an award?' and 'Did anybody speak to you in Kurdish?'.

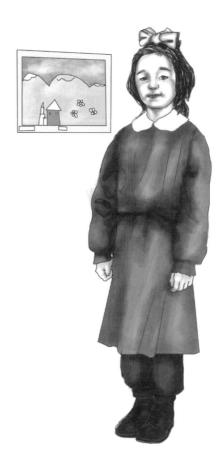

Today in History *Tarihte Bugün*

Book Reading Instead of Punishment

Hapis Yerine Kitap Okuma Cezası

2002

4 April

4 Nisan

Yozgat ili Yeni Fakılı ilçesinde yaşayan, 28 yaşındaki Alpaslan Yiğit, ilçe meydanında "Halkın huzurunu bozacak şekilde sarhoşluk" suçu işleyince gözaltına alındı ve Türk hukuk tarihinde ilk kez uygulanan bir cezaya çarptırıldı.

İlçenin Sulh Ceza Hakimi Yılmaz Parıltı, sanık Yiğit'i önce 15 gün hafif hapis cezasına çarptırdı. Sonra 'iyi halini göz önüne alarak' tedbire çevirdi ve 1 ay süreyle her gün 1.5 saat 'kitap okuma cezasına' dönüştürdü. Jandarma nezaretinde her gün 1.5 saat kitap okuyacağını öğrenen Yiğit, kayıplara karıştı. 6 ay kaçak yaşadıktan sonra, kanundan ve kitap okumaktan kaçamayacağını anlayınca teslim olup, 'Türk Yazarlar Sözlüğü' ve 'Atatürk'ün hayatı' adlı kitapları okuyarak cezasını tamamladı.

Alpaslan Yiğit, (28), from the city of Yozgat in the Yeni Fakılı province, was taken into custody on the accusation of 'Drunkenness to such extent as of disrupting public peace' and was given the first-ever punishment in Turkey for such an act. Judge Yılmaz Parıltı first sentenced him to two weeks in prison. Due to Yiğit's good behaviour, the sentence was then changed to an hour and a half of reading each day, for an entire month. Yiğit thus avoided his prison sentence, but he chose to remain a fugitive for six months. However, on realising that he could not avoid his punishment for the rest of his life he surrendered and completed his sentence by reading the *Turkish Writers' Almanac* and *The Life of Atatürk*.

Today in History *Tarihte Bugün*

A Special Prison Section in a Restaurant

Lokantada Özel 'Kodes' Bölümü

2003

15 October

15 Ekim

Konya'nın Ereğli İlçesi'ndeki bir lokanta, isteyen müşterilerine, 'özgürlüğün değerini bilmeleri ve mahkum olma duygusunu hissedebilmeleri' amacıyla suç işledikleri zaman neler yaşayabileceklerini anlamaları için 'kodes' bölümü oluşturdu. Lokantanın sahibi Ömer Acar, bu bölümü tam bir hapishane gibi dekore etti. Talep eden herkes kodese girip, kelepçelendi. Ellerindeki kelepçeyle bekleyen müşterilere çay ve yemek servisi yapıldı. Müşteriler, bu uygulamadan oldukça memnun kaldı. Konya Emniyet Müdürlüğü yetkilileri, mevcut yasalara göre bu uygulamanın suç olmadığını ifade etti.

A restaurant in the city of Konya in the Ereğli province allocated a special section to those who volunteered their 'feelings of guilt and the value of freedom' when involved in criminal acts. The section's interior was decorated to look like a prison by restaurant owner Ömer Acar. Those willing to undergo the experience would be handcuffed and taken in while tea and food continued to be served. Clients enjoyed the exercise and the Department of Security of Konya declared it fully legal.

Today in History *Tarihte Bugün*

Protection with a Talisman

Muskalı Koruma

2004

2 February

2 Şubat

Diyarbakır'da bilgisayar virüsleriyle baş edemeyen MAM adlı internet kafenin sahibi Mehmet Işıklı, bilgisayarlara muska asarak virüslere karşı ilginç bir korunma yöntemi geliştirdi. 4 yıldan beri internet kafe işletmeciliği yaptığını ve virüslerle baş edemediğini belirten Işıklı, 'Her yıl değişik zamanlarda virüs yayılmaktadır. Bu virüslere karşı değişik yazılım firmalarının programlarını kullandık, fakat hiç biri bunlara çözüm olmadı. Bence bu yazılım şirketleri ya kasti olarak virüsleri kendileri çıkarıp bulaştırıyor ya da sırf ürettikleri ürünler satılsın istiyor. Ben de son çare olarak muskayı düşündüm. Bir haftadır bilgisayarlarımıza muska taktık, henüz hiçbir virüsle de karşılaşmadık. Bence yazılım şirketlerinin muskaya rakip olarak yeni programlar geliştirmesi lazım' dedi.

Mehmet Işıklı, the owner of the MAM Internet Cafe in Diyarbakır, developed a security method for virus protection by hanging talismans on his computers. Işıklı, who had been running the cafe for four years and had not been able to keep up with new viruses, said, 'Every year and at different times, viruses attack my computers. We have used all kinds of software, none of them helped. I think that the software companies are intentionally doing this so that their products are sold. I came up with the idea of using talismans as a last resort. We have been using them for a week now and have had no virus attacks yet. The software companies should develop new products to compete with the talisman.'

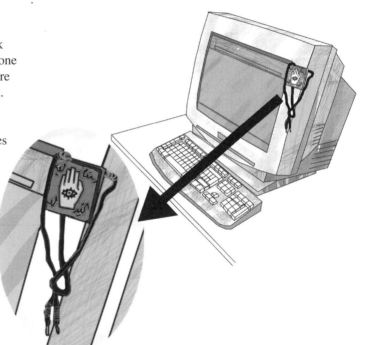

Today in History *Tarihte Bugün*

Hand-made in Eight Years

8 Yılda El Yapımı Ferrari

2004

29 September
29 Eylül

Van'da 32 yıldan beri kaporta ve motorculuk yapan Necdet Aktay, resminden bakarak, Ferrari marka bir otomobil yaptı. Bir otomobil dergisinde gördüğü Ferrari 512 tipi spor otomobil, bir süre sonra Necdet Aktay'ın hayallerini süslemeye başladı. Kaporta ve motor ustası olan Aktay, sağdan soldan topladığı parçalarla sekiz yıl içinde hayalindeki Ferrari'yi tamamladı.

Necdet Aktay had been working in the city of Van for 32 years as a car mechanic when he made a Ferrari by hand from photographic records. After seeing the 512 sport Ferrari for the first time in a car magazine, he could not stop dreaming about it. Having collected all the different parts of the car one by one, he completed his personal hand-made version after eight years.

Today in History *Tarihte Bugün*

The Cypher of the Crane

Vincin şifresi

2005

20 July
20 Temmuz

Çankaya'da dünyaca ünlü Grand Hyatt Otelleri tarafından işletilecek olan beş yıldızlı otelin 1991 yılında temeli atıldı. Aysel inşaat firması 35 katlı, 263 odalı ve 19 bin metrekarelik bir alanda kurulan alışveriş, konferans ve spor merkezi ile bütünleşecek olan otelin inşaatını tamamladı. Ancak önemli bir ayrıntı atlandı. Müteahhitler her kat bittiğinde bir üst kata çıkarılan dev kule vincinin 35. katta mahsur kaldığını fark ettiler.

Vinci aşağıya indirmek için inşaat firması 3 yöntem geliştirdi: 1) Vincin parça parça sökülmesi. Ancak parçalama işleminin uzun süreceği hesaplandığından bu yöntem askıya alındı. 2) Başka bir vinç kurulması. Bu işlem iki ay sürdüğünden ve Başbakanlık Konutu'nun bulunduğu Uğur Mumcu Caddesi trafiğe kapatılamayacağından bu çözüm olanaksız bulundu. 3) Dev bir helikopterle vincin boş bir araziye bırakılması. Ancak vinci kaldıracak helikopter Türkiye'de olmadığından firma, helikopteri Rusya'dan getirtmek zorunda kaldı.

The building of the Grand Hyatt Hotel at Çankaya, Ankara, began in 1991. Construction of the 35-storey, 263-room hotel with an additional shopping, conference and sports centre covering 19,000 square metres, was carried out and almost completed by the Aysel Construction Company. However, the contractors realised that their giant construction crane, which was moved a level higher as work on each storey was completed, had remained stuck on the 35th floor.

They came up with three alternative methods of bringing it down: 1) The first idea was to totally disassemble the crane. However, this would take too much time and was therefore, temporarily, abandoned. 2) The second was to set up a new crane. But this would mean closing the Uğur Mumcu Road, on which the Prime Minister lived, for two months. 3) The third idea was to pick up the crane from the 35th floor with a giant helicopter and drop it on an empty piece of land. As no such helicopter existed in Turkey, one was brought in from Russia.

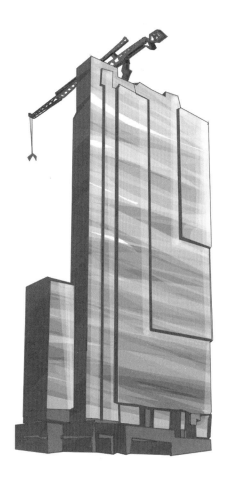

Let's take the Dodgers!

Kaçakları Alalım!

2005

15 December
15 Aralık

Mersin İdmanyurdu Teknik Direktörü Engin Korukır, Altay maçının 15. dakikası oynanırken, asker kaçağı iki futbolcusunu almaya geldiğini söyleyen polislere hakaretten Cumhuriyet Savcılığı'na ifade verdi.

Engin Korukır, the Technical Director of the football club Mersin İdmanyurdu, gave a statement of evidence to the State Attorney after having insulted policemen who came to summon two of his players during the fifteenth minute of the match with Altay Spor. The players were allegedly military service dodgers.

Today in History *Tarihte Bugün*

The Earring Whack

Küpe Dayağı

2006

15 April
15 Nisan

Ankara, Gazi Üniversitesi Endüstriyel Sanatlar Eğitim Fakültesi Araştırma Görevlisi Remzi Altunpolat, uzun saçlı olduğu ve küpe taktığı için aşırı milliyetçi bir grubun saldırısına uğradı. Altunpolat, kendisine dayak atanların 'Burası Gazi, ayağını denk al. Burada bunu takamazsın. Çıkartacaksın o küpeyi' şeklinde tehditler savunduğunu söyledi.

Remzi Altunpolat, a research assistant at the Industrial Arts Education Faculty of the Ankara Gazi University, was assaulted by a nationalist group for keeping his hair long and wearing an earring. As they beat him, said Altınpolat, his aggressors kept on threatening him with the claim: 'This is the Gazi (Veteran) University. You cannot go about wearing an earring. Take it off or else...'

Today in History *Tarihte Bugün*

The Cocaine Peddler was an Imam

Kokain Satıcısı İmam Çıktı

2006

31 July

31 Temmuz

Muğla Emniyet Müdürlüğü Bodrum Kaçakçılık ve Organize Suçlar Grup Amirliği ekiplerinin yaptığı istihbarat çalışmaları sonrasında, Bodrum'da bulunan bar ve eğlence mekanlarında yerli ve yabancı turistlere kokain sattığı belirlenen ve operasyonla suçüstü yakalanan zanlı A.T.'nin Diyarbakır'da imam olarak görev yaptığı tespit edildi. Gözaltına alınan A.T.'nin yıllık izinde olduğu öğrenildi.

The Bodrum Smuggling and Organised Crime Group and the Muğla Security Department, established that suspect A.T., who was caught red-handed selling cocaine to local and foreign tourists in Bodrum's bars, was actually an Imam stationed in Diyarbakır. When taken into custody, A.T. claimed that he was on leave at the time.

Today in History *Tarihte Bugün*

Fake 'Kaymakam'

Sahte Kaymakam

2006

25 September
25 Eylül

Kuşadası'nda kendisini 'stajyer kaymakam' olarak tanıtan Adem Yıldız, 3 gün boyunca ilçeyi yönetti, hiçkimse 'kimsin' diye sormadı. Gerçek Kaymakam Ahmet Ali Barış izinde olduğu esnada kaymakamlığa gelen ve kendisini Adem Ergücü olarak tanıtan Adem Yıldız, stajyer kaymakam olarak görev yapacağını söyledi. Görevliler de bu kişiden söylediklerini kanıtlayan bir belge istemedi. Bir otele yerleşen sahte kaymakam üç gün boyunca tarım ve asayiş konuları da dahil çeşitli toplantılara katıldı, birçok yazışmayı da imzaladı. Konuya hâkimiyeti nedeniyle kimsenin şüphelenmediği sahte kaymakam, esnafla da diyaloğa girdi. Kaymakam Barış da izin dönüşü stajyer kaymakam olduğunu iddia eden bu gençle tanıştı. Barış'ın görev yazısının neden gelmediğini sorması üzerine foyasının meydana çıkacağını anlayan sahte kaymakam, "Elazığ'da babam vefat etmiş. Gidip birkaç gün sonra döneceğim" diyerek ortadan kayboldu. Ardından Barış'ın araştırmaları skandalı ortaya çıkardı. Emniyetin yaptığı araştırmada sahte kaymakamın gerçek adının Adem Yıldız olduğu tespit edildi.

Adem Yıldız posed as a trainee 'Kaymakam' (head official of a district) and ran the province of Kuşadası for three days. He arrived in Kuşadası while the real Kaymakam, Ali Barış, was on leave. He introduced himself as Adem Ergücü and said that he was assigned there as a trainee 'Kaymakam'. Nobody asked him for official documents. He settled in a hotel and for three days attended various meetings on agriculture and security and signed official correspondence. His self-assured appearance left no room for suspicion, while he also established a good rapport with artisan tradesmen of the community. The real Kaymakam, Ali Barış, met him upon his return and asked why his official documents of assignment had not arrived, upon which Adem Yıldız left Kuşadası under the pretext that his father had died in Elazığ, saying he would be back in a couple of days. An investigation carried out by security forces exposed the scandal.

Today in History *Tarihte Bugün*

Hrant Dink

Hrant Dink

2007

19 January
19 Ocak

Ermeni asıllı gazeteci/yazar Hrant Dink, Halaskargazi caddesi üzerindeki Agos Gazetesi'nin çıkışında, 14.54'de 17 yaşındaki Ogün Samast adlı kişi tarafından yakın mesafeden yapılan 3 el silah atışıyla öldürüldü. Samast, olay yerindeki güvenlik kameralarından elde edilen görüntülerin yayınlanmasından sonra, babasının polise ihbarı üzerine, Samsun otogarında polis ekipleri tarafından yakalandı. Hrant Dink, Türkiye'de 1909 yılından bu yana, suikast sonucu öldürülen 62. gazeteci oldu.

Ogün Samast (17) killed the Armenian reporter/writer Hrant Dink at 2.54pm at the entrance of the Agos Newspaper offices on Halaskargazi Boulevard. He suffered three bullet wounds shot at close-range. Samast was arrested after his father handed him in to the police, following the appearance of surveillance images of his son on television. Hrant Dink is the 62nd journalist to have been murdered in Turkey since 1909.

Today in History *Tarihte Bugün*

Platform Garanti Güncel Sanat Merkezi
Istiklal Cad. No:136, 34430 Beyoğlu / Istanbul
www.platformgaranti.blogspot.com

PLATFORM
GARANTİ
GÜNCEL SANAT
MERKEZİ

AHMET ÖĞÜT
Tarihte Bugün Today in History
Yayımlayan: Book Works (Londra) ve Platform Garanti GSM (İstanbul). Dağıtan: Book Works.

2007, Ahmet Ögüt, Book Works ve Platform Garanti GSM. Tüm yayın hakları saklıdır.
Kaynak gösterilmek şartıyla tanıtım amacıyla yapılacak kısa alıntılar dışında, yayımcıların yazılı izni olmadan, metinler ve görsel malzemeler çoğaltılamaz, yayımlanamaz, dağıtılamaz.

Ahmet Öğüt, kitabın hazırlanmasında katkıda bulunan Jane Rolo, Gerrie van Noord, November Paynter, Vasıf Kortun, Öykü Özsoy, Rijksakademie van beeldende kunsten, Amsterdam'a teşekkür eder.

ISBN 978 1 906012 02 1

Yayıma Hazırlayanlar: Gerrie van Noord, November Paynter
Tasarım: Secondary Modern, London (www.secmo.dircon.co.uk)
Basımevi: Die Keure, Bruges
Çeviri: Işıl Alatlı, Öykü Özsoy

AHMET ÖĞÜT
Tarihte Bugün Today in History
Book Works tarafından başlatılan "Fabrications" ortak yayın serisinin üçüncü kitabıdır.

Book Works, Arts Council England tarafından desteklenmektedir.

Fabrications, Grants for the Arts ve Arts Council England ve bu kitap projesi için Platform Garanti GSM tarafından desteklenmektedir.

Book Works
19 Holywell Row, London EC2A 4JB
www.bookworks.org.uk

AHMET ÖĞÜT
Tarihte Bugün Today in History
Published by Book Works, London, and Platform Garanti, Istanbul. Distributed by Book Works.

Ahmet Öğüt would like to thank: Jane Rolo, Gerrie van Noord, November Paynter, Vasıf Kortun and Öykü Özsoy.
With support from the Rijksakademie van beeldende kunsten, Amsterdam.

ISBN 978 1 906012 02 1

Edited by Gerrie van Noord and November Paynter
Design: Secondary Modern, London (www.secmo.dircon.co.uk)
Printed by Die Keure, Bruges
Translated by Işıl Alatlı and Öykü Özsoy

AHMET ÖĞÜT
Tarihte Bugün Today in History
is the third in a series of co-publishing partnerships, entitled Fabrications, initiated by Book Works.

Book Works is supported by Arts Council England.

Fabrications is supported by Grants for the Arts, Arts Council England and on this occasion by Platform Garanti,
Contemporary Art Center, Istanbul.